Von Schiffskatzen & Schmusetigern

Von Jessica Hilbert

Buchbeschreibung:

»Von Schiffskatzen & Schmusetigern« ist nicht nur eine Ode an diese bezaubernden Vierbeiner, sondern auch eine Hommage an ihre Reisen durch die Kulturen und Legenden dieser Welt.

Ihre mysteriösen Spuren verweben sich mit den Fäden der Mythologie, von ägyptischen Göttinnen bis hin zu nordischen Sagen. Jede Seite enthüllt die Magie, die Katzen in den Geschichten der Menschheit hinterlassen haben.

Über die Autorin:

Jessica Hilbert, Jahrgang 1987, erblickte das Licht der Welt in Schleswig-Holstein. Nach erfolgreichem Abschluss ihrer Dissertation im Bereich Chemie begann sie, sich auch dem Verfassen von Texten jenseits der wissenschaftlichen Welt zu widmen. Dazu zählen neben Fantasyromanen auch Gedichte über des Menschen liebste Vierbeiner.

Ebenfalls von der Autorin erschienen:

Illustrierte Gedichtbände:
    Von Samtpfoten & Märchenkatzen
    Von Spürnasen & Hundehaaren

Fantasyromane:
    Katzenagenten – Bedrohung aus dem Nebel

Von Schiffskatzen & Schmusetigern

Illustrierte Katzengedichte, Band 2

Von Jessica Hilbert

Bibliografische Information der
Deutschen Nationalbibliothek:
Die Deutsche Nationalbibliothek verzeichnet diese
Publikation in der Deutschen Nationalbibliografie;
detaillierte bibliografische Daten sind im Internet über
http://dnb.dnb.de abrufbar.

Blog: www.buchstabenpfote.de
E-Mail: kontakt@buchstabenpfote.de

Covergestaltung: Jessica Hilbert
Coverabbildung: erstellt mit Midjourney
Illustrationen: erstellt mit Midjourney

Herstellung und Verlag:
BoD - Books on Demand, Norderstedt

ISBN: 9783758371790

Inhalt

Katzen aller Welt

Die Schiffskatze

Ihr Pelz ist salzig, ihr Blick ist stolz,
    sie kennt ihr Schiff, jeden Spalt im Holz.
    Legenden erzählen von Treue und Mut,
    Freundschaft und Abenteuer, in rauer Flut.

Ihr Blick ist wachsam, sie warnt vor Gefahr,
    nimmt jede kleinste Veränderung wahr.
    Ein kleiner Luftzug, ein Wetterumschwung,
    miauend ruft sie rasch zur Ordnung.

Denn die Schiffskatze ist ein wichtiger Teil,
    sie bewahrt das Schiff vor manchem Unheil.
    Verteidigt das Schiff, tief in den Schatten,
    dezimiert gewissenhaft Mäuse und Ratten.

Ihr Schiff, ihr Revier, kontrolliert ohne Hast,
    schwindelfrei springt sie von Mast zu Mast.
    Balanciert selbst bei Sturm mit Leichtigkeit,
    zeigt keine Anzeichen von Müdigkeit.

Die kleine Königin der See, sie wacht,
    spendet Trost in dunkler Nacht.
    Sie hat kein festes Zuhause an Land,
    nur das Schiff, mit dem Meer im Einklang.

Über den Dächern von Paris

Über den Dächern von Paris,
  wo die Katzen frei und wild,
  sie spielen und klettern,
  geschickt, von Freude erfüllt.

Sie springen von Dach zu Dach,
  sind eindeutig geboren dazu,
  jeder Sprung ist präzise,
  kein Fehler, keine Mühe.

Auf den Dächern von Paris,
  sind die Katzen zu Haus,
  wo die Stadt im Sonnenlicht glänzt,
  kennen sie sich überall aus.

Und sie sind immer noch wach,
  wenn die Nacht anbricht,
  sie spielen und jagen,
  schlafen ist keine Pflicht.

Über den Dächern von Paris,
  ist das Leben so wunderschön,
  denn die Katzen sind frei,
  in ihrer eigenen Welt aus Stein und Beton.

In den Straßen von Rom

In den Straßen von Rom, bunt und lebendig,
   streifen Katzen umher, frei, ungebändigt.
   Ob auf den Straßen, Plätzen, Ruinen,
   sie sind Teil des Geheimnis, eines von vielen.

Die Hitze des Tages verschlafen sie meist,
   dösen auf Treppen, ist viel zu heiß.
   Lassen sich von Touristen bewundern,
   reagieren gelassen mit einem Schnurren.

Doch wenn sich der Tag zu Ende neigt,
   werden sie aktiv, man sieht es gleich.
   Auf der Suche nach Futter und Spaß,
   ein Spiel oder Abenteuer, wie es denn passt.

Sie schleichen durch Gassen, schlüpfen durch Löcher,
   klettern auf Mauern, springen auf Dächer.
   Wissen, wo es sich lohnt, zu verweilen,
   und wo es besser ist, weiterzueilen.

In den Straßen von Rom sind sie zu Haus,
   beobachten, lernen, kennen sich aus.
   Sie streifen umher, frei, unabhängig,
   die Katzen von Rom, bunt und lebendig.

Die Katze von Venedig

In Venedig, wo Kanäle fließen,
    wo Gondeln durch das Wasser fliegen,
    lebt eine Katze unbeschwert,
    ihr Heim ein Palazzo unversehrt.

Sie überquert geschickt die Wasserstraßen,
    streift entlang der alten Mauergassen,
    verweilt auf Brücken, die erstrahlen,
    im Lichterglanz der Schmucklaternen.

Ihr Fell gepflegt, ihr Blick so klar,
    sie gleitet durch die Stadt, wie wunderbar.
    Denn in Venedig gibt es viel zu seh'n,
    manch ein Geheimnis zu versteh'n.

Die Katze von Venedig ist stolz, charmant,
    kennt jeden Winkel, ist selbst bekannt.
    Sie liebt die Stadt, die viel zu bieten hat,
    und alle lieben sie, die kleine Katz.

Die Maneki-neko

Die Maneki-neko steht im Laden,
    mit winkendem Arm, Passanten einladend.
    Ihr Aussehen bezaubert, fängt ein den Blick,
    bringt Kunden und Freude, mit geschickter
Gestik.

Die Maneki-neko, eine Katze aus Porzellan,
    aber die Magie scheint real, voller Elan.
    Mit ihrer Pfote bringt sie Glück und Geld,
    ein Symbol für Wohlstand auf der Welt.

Die Maneki-neko, ein Lächeln im Gesicht,
    verkörpert den Zauber, fein, aber schlicht.
    In Japan verehrt man sie sehr,
    denn sie bringt Glück, was will man mehr.

Unterwegs

Nachts im Mondschein

Bei Mondschein kommt sie,
   die Katze voll Anmut und Grazie.
   Sie schleicht durch die Nacht,
   kein Laut zu hören, schreitet bedacht.

Silbrig glänzt ihr Fell im Licht,
   ihre Augen leuchten, nichts trübt die Sicht.
   Sie klettert, tänzelt und springt,
   ihr Spiel ist voll Anmut, alles gelingt.

Die Sterne funkeln hoch oben,
   die Welt scheint still zu stehen.
   Nur die Katze schreitet fort,
   stolziert, genießt ihren Sport.

So ist es in dieser Nacht,
   die Katze lebt und lacht.
   Im Mondschein, wenn alles schläft,
   ist sie die Königin, die ihren Zauber webt.

Kletterkünstlerin

Hoch hinaus, das ist ihr Ziel,
   ganz geschwind und spielend viel.
   Geschmeidig schwingt sie sich empor,
   zeigt uns ihr Können, wie nie zuvor.

Möchte sie uns oder sich was beweisen?
   Mit ihren naturgegebenen Steigeisen?
   Nein, sie hat einfach Freude am Leben,
   tobt sich aus, als könnte sie schweben.

Balanciert geschickt auf dem dünnsten Ast,
   geschwind, doch ohne Hast.
   Reckt stolz die Nase in den Wind,
   bevor sie die nächste Stufe erklimmt.

Sie springt, klettert und hält,
   erobert auf ihre Weise die Welt.
   Geschickt und geschmeidig,
   eine wahre Meisterin und so vielseitig.

Streifzug über die Wiese

Eine Katze schleicht über die grüne Wiese,
    goldig ihr Fell im Sonnenlicht erglüht,
    sie folgt den Schmetterlingen auf der Reise,
    durchs hohe Gras, das leise im Wind sich
wiegt.

Sie jagt nach einer Maus am Rande des Feldes,
    ihr schneller Lauf ist elegant und flink,
    dann schnurrt sie zufrieden, ungestört hel-
disch,
    mit einem Beutestück im Maul, so winzig.

Eine Katze streift durchs hohe Gras,
    begleitet vom Duft der Blumen,
    sie folgt ihrem Instinkt, sie folgt ihrem Pfad,
    lässt sich von nichts zur Hast antreiben.

So geht sie ihren Weg, die Katz auf der Wiese,
    in ihrem Reich, das voller Leben ist,
    und während sie spielt, jagt und schnurrt
ganz leise,
    hört man den Klang der Natur, rein wie er
ist.

Vier Jahreszeiten

Im Frühling spielt die Katze wild,
   ist mit der Sonne voller Tatendrang,
   sie springt und tollt, ein schönes Bild,
   das Fell zerzaust vom ersten Spaziergang.

Im Sommer streckt sie sich genüsslich,
   auf warmem Stein, im Sonnenstrahl.
   Sie lässt die Welt sein ganz gemütlich,
   und träumt von Mäusen, ideal.

Im Herbst streift sie durch Laub und Wind,
   sie spürt der Jagd nach Beute nach.
   Und wenn sie eine Maus dann find,
   schleicht sie näher, ist hellwach.

Im Winter kuschelt sie sich ein,
   in dicke Decken, voller Glück.
   Ein sanftes Schnurren hüllt sie ein,
   denkt so ans vergangene Jahr zurück.

Schneekätzchen

Leise Flocken decken alles sorgsam zu,
   ein Kätzchen in derselben Farbe,
   sieht dem allen staunend zu.

Mit kleinen Schritten tastet es sich zaghaft vor,
   erkundet diese Wunderwelt,
   die es niemals sah zuvor.

Zartes Knirschen an den Pfoten begleitet
jeden Schritt,
   untermalt von leisem Schnurren,
   Neugier überwiegt im Blick.

Kleine Pfoten weben Spuren, in der weißen
Zauberwelt,
   Flocken legen sich aufs Fell, funkeln dort,
   vom ersten Sonnenstrahl erhellt.

Ein Moment der Stille, dann ein Sprung,
   Flocken wirbeln mit dem Kätzchen,
   fliegen auf mit Schwung.

Im Schnee versteckt, ein Kätzchen lacht,
   tobt weiter auf dem Winterspielplatz,
   mit seiner magisch weißen Pracht.

Die Eigenarten der Katzen

Katzenwäsche

Die Katze putzt sich sorgsam rein,
    fährt alles ab und leckt sich glatt,
    mit flinken Pfoten, Zunge fein,
    reibt gründlich sauber, was sie hat.

Die Zunge gleitet durch das Fell,
    entwirrt die Knoten, jedes Haar.
    Das Fell soll schimmern, glänzend hell,
    der letzte Knoten, wunderbar.

Die Pfote kümmert sich ums Ohr,
    ein wohlstudierter Tanz,
    sorgsam holt sie es hervor,
    ein Spiegelbild der Eleganz.

Manch einer nennt es »Katzenwäsche«,
    doch könnt ein Mensch so gründlich sein?
    Wenn der Mensch die Katze wüsche,
    wäre sie längst nicht so rein.

Katzen sind Jäger

Katzen sind Jäger,
   und so ziehen sie aus,
   jagen im Dunkeln,
   erbeuten manch eine Maus.

Kein Kratzen, kein Rascheln,
   entgeht ihren Ohren,
   sie schleichen, sie springen,
   ohne jedwedes Zögern.

Ihr Fell glänzt im Mondlicht,
   ihre Schnurrhaare zittern,
   wenn sie auf Beute lauern,
   die sie längst schon erwittern.

Doch am Ende der Nacht,
   sind sie müde und satt,
   legen sich hin und schlafen,
   träumend von erfolgreicher Tat.

Die Feinschmeckerin

Eine Katze sitzt am Tisch, ihr Blick so fein,
  betrachtet, wählt mit Bedacht und - Nein,
  nicht alles wird sie verspeisen,
  sie ist wählerisch, nicht zu verweisen.

Sie schnuppert genau, prüft jeden Duft,
  nur das Beste, das Köstlichste, ist ihr beruft.
  Mit ihrer Zunge sondiert sie die Leckerei,
  genießt den Geschmack, das Aroma so frei.

Sie lässt sich nicht täuschen von leeren Ver-
sprechungen,
  nur das Beste und Zarteste wird genommen.
  Mit bedachter Eleganz wählt sie ihr Mahl,
  eine wahre Feinschmeckerin, aber loyal.

Ob Rind oder Geflügel, gar zarter Fisch,
  die Katze wählt aus, was gut genug ist.
  Sie weiß, was sie will, was ihr schmeckt,
  ein Genuss für sie, der Freude erweckt.

So lehrt sie uns die Kunst des Genießens,
  nur das Beste zu wählen, ganz nach
Belieben.
  Mit Selbstbewusstsein und Raffinesse
  ist sie die Feinschmeckerin, ja Baronesse.

Spiel mit dem Wollknäuel

Ein Wollknäuel, so flauschig und weich,
  ein Katzentraum in seinem Reich.
  Es liegt bereit, akkurat aufgerollt,
  in Reichweite der Katze, wie gewollt.

Dann, eine Kralle fährt aus, um es zu halten,
  Katzeninstinkt, ein angeborenes Verhalten.
  Ein Stups befördert es in die Pfoten,
  das Spiel beginnt, es löst sich der Knoten.

Erst langsam, behutsam ertasten,
  beinahe gelangweilt, betont gelassen.
  Doch immer schneller, geschickt und geschmeidig,
  fliegt das Wollknäuel rechts- und linksseitig.

Ein Tanz zwischen Wollknäuel und Katze,
  ein Rollen und Drehen in endlosem Satze.
  Sie wirbelt herum, springt hoch und fängt auf,
  ein lustiges Spiel, das begeistert hellauf.

Schließlich, ein Schnurren erfüllt den Raum,
  zufrieden und warm wie ein sanfter Traum.
  Die Katze schläft ein mit ihrem Spielzeug,
  Ruhe kehrt ein, bis es beginnt erneut.

Der Schmusetiger

Der Schmusetiger ist ein Freund in der Not,
　　sein tröstendes Gurren bringt uns ins Lot.
　　Seine Augen leuchten sanft und geduldig,
　　sein Kopf schmiegt sich an uns so flauschig.

Er weiß, wann wir müde sind oder traurig,
　　dann kommt er leise, ganz zutraulich.
　　Er leckt unsere Hand und schaut uns an,
　　zieht uns summend in seinen Bann.

Sein Schnurren ist wie Musik in den Ohren,
　　lässt allen Kummer und Ängste vergehen.
　　Er schmiegt sich an uns, gibt Wärme,
　　lässt uns vergessen die Sorgen der Erde.

Mythologie

Im alten Ägypten

Im alten Ägypten war sie verehrt,
  eine Göttin, in Gestalt einer Katze.
  Ihr Name war Bastet, so wird es erklärt,
  Beschützerin mit großmächtiger Tatze.

Ihr Körper war schlank, schön und agil,
  ihr Kopf mit goldenem Schmuck verziert.
  Ihr Wesen anmutig, sanft und grazil,
  doch ihr Schutz war stark, sehr respektiert.

In Tempeln und Gräbern war sie präsent,
  in Stein gemeißelt und auf Papyrus verewigt.
  Pilger kamen Schutz und Segen erbetend,
  den sie gewährte, wie es beliebt.

Auch heute noch ist ihr Name bekannt,
  von Bastet der Göttin in Katzengestalt.
  Denn eines blieb immer konstant,
  die Liebe zur Katze, egal wie alt.

Katzen der nordischen Götter

In den nordischen Mythen und Sagen,
    sind auch Katzen präsent.

Mittens, die Schutzgöttin des Hauses,
    ihr Augen durchblicken die Nacht.
    Kein Nagetier kann ihr entkommen,
    ihr, der Jägerin, die die Familie bewacht.

Glasir, die Göttin der Wälder,
    ihr Fell grün getarnt im Laub der Bäume.
    Geschickt in den Schatten versteckt,
    schützt sie den Wald vor üblen Träumen.

Skogkatt, der Beschützer des Hofes,
    seine Pranke wie eine Waffe bereit.
    Kein Feind wagt es nahe zu kommen,
    er verteidigt die heilige Stätte allzeit.

Bylgja, die Göttin der Wellen,
    auf den Schiffen zu Haus,
    Ihr Miauen kündigt Stürme an,
    geleitet die Mannschaft sicher nach Haus.

Bygul und Trjegul, die Geschwister der Sonne,
    jagen die Dunkelheit hinweg.
    Mit Fell wie Gold in der Morgenröte,
    bringen sie Wärme in jedes Versteck.

Und so bleiben sie vereint in den Mythen,
    die Katzen der nordischen Götter.

Die Sphinx

In der Wüste liegt sie, die Sphinx,
  ein Sinnbild der Faszination.
  Ein kniffliges Rätsel sie hütet,
  berichtet die ferne Generation.

Ihr Löwenkörper eine imposante Statur,
  von den Flügeln schützend umgeben.
  Seit Ewigkeiten ein Geheimnis bewachend,
  das bislang niemand konnt lösen.

Ihr Frauenkopf blickt in die Ferne,
  abwartet, fast wie erstarrt,
  hält Ausschau nach einen mutigen Helden,
  bleibt so lange in ihrer Position verharrt.

Doch niemand hat zurzeit das Rätsel gelöst,
  das die Sphinx so beflissen beschützt.
  So wird sie weiterhin warten und wachen,
  bis jemand kommt, ihr Geheimnis lüftet.

Grimalkin

Grimalkin, so geheimnisvoll,
  ein Wesen von alter Zeit,
  voll von List und Magie, so toll,
  führt er uns in Dunkelheit.

Sein Fell so schwarz wie Mitternacht,
  sein Blick wie glühende Kohlen,
  ein Meister in der dunklen Nacht,
  ein König der Schattenholen.

Mit Schwanz und Pfote er spielt,
  und beobachtet uns mit List,
  für seine Zauberkraft er fühlt,
  und unsere Gedanken er liest.

Grimalkin, König der Nacht,
  geheimnisvoll und klug,
  in den Schatten er uns überwacht,
  mit seinen Zauberkugeln im Flug.

Nekomata

In dunklen Nächten, der Mond scheint klar,
schleicht sie leise durchs Land.
Die Nekomata, mit ihrem feurigen Haar,
Herrin der Nacht, die in den Schatten verschwand.

Zweischwänzig ist sie, eine mystische Gestalt,
verehrt und gefürchtet in jeder Stadt,
Ihr Name bekannt, doch ihr Antlitz ist kalt,
lebt meist in einer anderen Welt, von dieser fernab.

Doch dort wo die Manx-Katzen leben,
fühlt man noch stets ihren Geist,
Von ihr abstammend, dem Wesen ergeben,
das die Nacht beherrscht und die Schatten umkreist.

So lauscht dem miauenden Ruf in der Nacht,
ist es die Nekomata, die uns prüft?
Ihre Anwesenheit ist nicht nur eine Wacht,
sondern auch Erinnerung an das Mystische,
das manchmal erblüht.

Haikus

Haiku, das oder **der**
Eine traditionelle japanische Gedichtform, mit fester
Struktur. Ein Haiku besteht in der Regel aus drei
Wortgruppen mit fünf, sieben und fünf sogenannten
Lauteinheiten. Diese Lauteinheiten werden oft in
Silben umgedeutet.
Typische Themen sind Jahreszeiten, Naturbilder oder
Alltagsszenen. Haikus sind somit prägnante, oft natur-
bezogene Kurzgedichte, die einen flüchtigen Moment
einfangen.

Frühlingssonne lacht
Katze träumt im Blütenrausch
Zarte Pfoten tanzen

Mondschein im Garten
Augen leuchten auf, lauernd
Katze auf der Jagd

Winterlicht verblasst
Pfotenabdrücke im Schnee
Katze ruht, träumt warm

Fensterbank als Thron
Katzenblick durch Glas gerahmt
Stadtgewimmel ruht

Kaminprasseln leis'
Katze schnurrt, schläft im Lichtschein
Zwei Seelen, vereint

Danksagung

Vielen Dank an alle, denen meine bisherigen Gedichte gefallen haben und die mich so ermutigt haben, weiter zu machen. Hierbei ein besonderes Dankeschön an Patricia, Konrad, Dominique, Dagmar, Manfred, Heti, Manuela und Ralph. Ein gesonderter Dank geht an meinen Mann für seine Unterstützung.

Ein weiterer Dank geht auch an die vierbeinigen Samtpfoten, die mich durch ihr Verhalten und ihre Geschichten erst auf die Ideen zu diesen Gedichten gebracht haben.

Und zu guter Letzt: Danke an die verrückten Ideen und Einfälle, die solche Projekte wie dieses hier immer erst möglich machen. Ich weiß zwar nicht, wo ihr immer alle herkommt, aber ihr dürft gerne weiter vorbeischauen.